BEI GRIN MACHT SICH IHR WISSEN BEZAHLT

Auswahl eines geeigneten Dokumentenmanagementsystems zur zentralen Verwaltung

Bibliografische Information der Deutschen Nationalbibliothek:

Die Deutsche Nationalbibliothek verzeichnet diese Publikation in der Deutschen Nationalbibliografie; detaillierte bibliografische Daten sind im Internet über http://dnb.d-nb.de abrufbar.

ISBN: 9783346475497
Dieses Buch ist auch als E-Book erhältlich.

© GRIN Publishing GmbH
Nymphenburger Straße 86
80636 München

Druck und Bindung: Books on Demand GmbH, Norderstedt Germany
Gedruckt auf säurefreiem Papier aus verantwortungsvollen Quellen

Das Buch bei GRIN: https://www.grin.com/document/1061407

DIPLOMA HOCHSCHULE
Private Fachhochschule Nordhessen

Studiengang Wirtschaftsingenieurwesen

HAUSARBEIT

AUSWAHL EINES GEEIGNETEN DOKUMENTENMANA-GEMENTSYSTEMS ZUR ZENTRALEN VERWALTUNG

Hausarbeit im Studienfach Grundlagen der Wirtschaftsinformatik

Bearbeitungszeit:	8 Wochen
Abgabe am:	18.07.2020

Inhaltsverzeichnis

I Abbildungsverzeichnis

II Tabellenverzeichnis

III Abkürzungsverzeichnis

App	Anwendungssoftware (englisch: Application Software)
BASF SE	Badische Anilin- und Sodafabrik (Societas Europaea)
bspw.	beispielsweise
bzgl.	bezüglich
bzw.	beziehungsweise
ca.	circa
DMS	Dokumentenmanagementsystem
etc.	et cetera
EDV	elektronische Datenverarbeitung
E-Mail	Elektronische Post
GLP	Gute Laborpraxis (englisch: Good Laboratory Practice)
GMP	Gute Herstellungspraxis (englisch: Good Manufacturing Practice)
IT	Informationstechnik
KVP	Kontinuierlicher Verbesserungsprozess
lfd. Nr.	laufende Nummer
MS	Microsoft
OCR	Optische Zeichenerkennung (englisch: Optical Character Recognition)
QM	Qualitätsmanagement
sog.	sogenannte
VPN	Virtuelles Privates Netzwerk (englisch: Virtual Private Network)
z. B.	zum Beispiel

1 Einleitung

Die vorliegende Hausarbeit im Studienfach „Grundlagen der Wirtschaftsinformatik" beinhaltet die Auswahl eines geeigneten Dokumentenmanagementsystem (DMS-System) zur zentralen Verwaltung von Abteilungsdokumenten. Das Unternehmen, für das diese Ausarbeitung erstellt wird, ist die BASF SE, Facheinheit für zentrales Engineering (3D-Design und Rohrleitungstechnik). Hauptaufgabe der Facheinheit ist die 3D-Planung von Rohrleitungen im Zuge von Anlagenänderungen.

„Um die wachsende Informationsflut in der betrieblichen Informationsverarbeitung zu bändigen, müssen Daten schnell und unproblematisch bearbeitet, weitergegeben und entsprechend ihrer Bestimmung verwaltet und archiviert werden."[1]

Ziel dieser Hausarbeit ist es, ein für die Anforderungen der Facheinheit entsprechendes DMS-System zu bestimmen. Diese Ausarbeitung dient als Grundlage die bisherige Netzlaufwerkstruktur, welche diverse Probleme verursacht, zu ersetzen. Durch die Einführung eines DMS-Systems wird eine zeitgemäße Verwaltung von Dokumenten angestrebt.

2 Grundlagen Dokumentenmanagementsysteme

Zunächst werden allgemeine Grundlagen zum Thema Dokumentenmanagementsystem beschrieben. Dabei wird auf einige Begrifflichkeiten sowie auf die Vorteile eines solchen Systems eingegangen.

2.1 Definition und Erklärung

„Ein Dokumentenmanagementsystem stellt ein eine IT-Anwendung dar, die Dokumente verwaltet und archiviert. [...]"[2] Zu diesen Dokumenten zählen unter anderem E-Mails, Textverarbeitungs- oder Tabellenkalkulationen, Videos, PDF und viele mehr. „[Das DMS-System] dient zur Organisation und Koordination der Entwicklung, Überarbeitung, Überwachung und Verteilung von Dokumenten aller Art

---

[1] Riggert (2009, S. 51).
[2] Schüttler (2012, Kap. 3.1).

über ihren gesamten Lebenszyklus von ihrer Entstehung bis hin zu ihrer Vernichtung. [...]"[3] Es beinhaltet primär Verwaltungsfunktionen und weniger inhaltliche Konzeption.[4] Hauptaspekte bei Büroarbeiten sind elektrische Ablage sowie Archivierung von Dokumenten. Unter dem Begriff der Ablage versteht man kurz- bis mittelfriste Speicherungen, wohingegen man unter Archivierung das langfristige Aufbewahren von Dokumenten beschreibt.[5] Grundsätzlich sind Dokumentenerfassung (Eingabekomponente), Indizierung, Speicherung, Recherche und Ausgabe die Hauptfunktionen des Archivierungsprozesses.[6]

2.2 Vorteile eines DMS-Systems

Die Nutzung einer DMS-Software bringt viele Vorteile. Im Rahmen dieser Hausarbeit werden Nachteile wie z. B. Kosten, Datensicherheit oder Änderungswiderstand nicht betrachtet. Im Folgenden wird nur auf eine Auswahl von Vorteilen eines DMS-Systems eingegangen:

- Schnelle Wiederauffindbarkeit der Dokumente durch Suchmaschinen mit Hilfe von Verschlagwortung[7] oder Deskriptoren (sog. Metadaten)
- Zugriffskontrollen durch Rechtevergabe bzgl. Informationssicherheit und Datenschutz (individuelle Lese- und Schreibrechte)
- Verwaltung von Bearbeitungsständen[7] durch Versionierung mit Historienverwaltung[8]
- Verhinderung doppelter Arbeit sowie Speicherung von Dokumenten[8]
- Verteilung sowie Umlauf der Dokumente (Workflowmanagement)[8]
- Dezentraler, gleichzeitiger Zugriff mehrerer Peronen[8]
- Kosteneinsparungen bei Bürobedarf[8] (z. B. Kopierer, Regale, Ordner)
- Bessere Informationsbereitschaft und -fähigkeit (intern und extern)[7]
- Ablage und Archivierung (langfristiger Zugriff)[7]
- Automatisierung von Geschäftsprozessen[7]
- Schutz vor Verfälschung, Missbrauch und Vernichtung[7]

---

[3] Riggert (2009, S. 54).
[4] Vgl. Schüttler (2012, Kap. 3.1).
[5] Vgl. Ellmann (2019, S. 34).
[6] Vgl. Abts, Mülder (2017, S. 244-245).
[7] Vgl. Schüttler (2012, Kap. 3.4).
[8] Vgl. Schüttler (2012, Kap. 3.3).

2.3 Recherche zu möglichen DMS-Systemen

Für die Auswahl eins geeigneten DMS-Systems werden Recherchen via Intranet und Internet zu möglichen DMS-Software außerhalb wie auch innerhalb des Unternehmens durchgeführt.

2.3.1 Marktlösung

Der deutschsprachige Markt bietet eine große Vielfalt an möglichen Lösungen mit verschiedenen Anforderungen. Diese sind oftmals speziell auf entsprechende Branchen sowie Unternehmensgrößen und Anzahl der Software-Nutzer zugeschnitten. Aufgrund der großen Auswahl an möglichen Anbietern für Dokumentenmanagementsysteme, die der Markt anbietet, wird primär eine bereits im Unternehmen funktionierende interne (BASF SE) Lösung forciert.

2.3.2 Interne Lösung

Mittels Intranet-Recherchen werden DMS-Systeme ermittelt, die bereits in anderen Einheiten der BASF SE erfolgreich im Einsatz sind. Ziel dieser internen Lösung ist es, eine schnelle Eingewöhnung sowie eine von Beginn an hohe Akzeptanz für das spätere DMS-System zu schaffen. Folgende drei DMS-Lösungen werden laut IT-Facheinheit derzeit intern genutzt:

- Documentum (OpenText)
- MyPortal (Fasihi)
- Pergamon (Ainea)

3 Auswahl eines DMS-Systems

Es folgt eine Beschreibung der aktuellen Dokumentenablage, wobei auf einige der Hauptprobleme näher eingegangen wird. Anschließend werden die zuvor ausgewählten internen DMS-Systeme als Grundlage für eine Gegenüberstellung genutzt.

3.1 Aktuelle Situation

Zurzeit liegen alle Dokumente der Facheinheit in einer Ordnerstruktur (Netzwerklaufwerk "B.\") unter dem Betriebssystem Windows (8.1 bzw. 10). Im Zuge der stetig wachsenden Digitalisierung nimmt das EDV-gestützte Verwalten von

Dokumenten eine wichtige Rolle ein. Diese voranschreitende Digitalisierung (weg von Papier) führt zu einer stets größer werdenden Anzahl an Dokumenten. Hierbei macht sich immer häufiger bemerkbar, dass die bisherige Netzwerkstruktur an ihre Grenzen stößt. Aufgrund dessen ergeben sich Probleme, auf die im Folgenden detailliert eingegangen wird.

3.2 Beschreibung der Hauptprobleme

Aus der aktuellen Netzlaufwerkstruktur ist nicht eindeutig definiert, unter welchem Pfad Dokumente gespeichert werden. Nicht jeder Inhalt darf von jedem Mitarbeiter gesehen bzw. bearbeitet werden (z. B. Leasing-Mitarbeiter). Diese Unklarheiten führen dazu, dass Mitarbeiter Dateien in verschiedenen Ordner ablegen. Daraus resultieren vermehrt Datei-Dopplungen. Verstärkt wird das Ganze durch die Aufteilung der Facheinheit in verschiedene Teams mit unterschiedlichen Aufgaben (Rollen). Diese Teams greifen aus unterschiedlichen Intensionen auf dieselben Dateien zu. Oftmals hat dies zur Folge, dass Dateien lokal gespeichert werden, was wiederum dazu führt, dass verschiedene Versionen von Dokumenten im Umlauf sind. Zudem werden benötigte Speicherkapazitäten unnötigerweise blockiert. Hinzu kommt, dass Dateien immer wieder ausgeschnitten statt kopiert, gelöscht, geändert, umbenannt oder verschoben werden.

Ein weiterer Aspekt bildet die auf diese Weise gewachsene Struktur, da mittlerweile sehr viele Unterorder existieren. Daraus ergibt sich eine schwer überblickbare Struktur, unter der man sich nur sehr schwer zurechtfindet. Die Ablagepfade sind teilweise so lang, dass beim Bearbeiten von Dateien Fehlermeldungen auftreten.

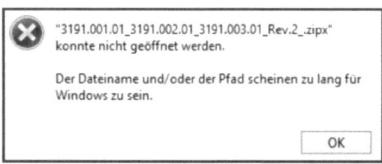

Abbildung 1: Beispiel einer Fehlermeldung

Die Suche nach gezielten Informationen ist aufwendig, denn Ordner müssen einzeln durchsucht werden. Auch der Weg über die Windowssuchfunktion ist nicht optimal, da es aufgrund der großen Datenmenge sehr lange dauert bis ein Suchergebnis vorliegt. Ein weiterer Nachteil ist, dass Dokumente nicht von mehreren Mitarbeitern gleichzeitig geöffnet werden können, wodurch Wartezeiten entstehen. Infolge zu hoher Datenlast der Server kommt es zudem vor, dass ein Zugriff auf das Netzlaufwerk nicht gewährleistet werden kann. Dieser Fehler tritt vermehrt bei Nutzung über VPN auf.

> ⚠ Es konnten nicht alle Netzlaufwerke wiederhergestellt werden. ↖ ×
> Klicken Sie hier, um den Status Ihrer Netzlaufwerke anzuzeigen.

Abbildung 2: Fehlermeldung Netzlaufwerke

Diese Probleme verursachen einen immensen Zeitaufwand, weswegen man sich letzten Endes für die Einführung eines DMS-Systems entschieden hat.

3.3 Erstellung der Zielvorgabe

Nach Benennung der Zielvorgaben werden mit Hilfe der Erstellung eines Lastenheftes die Anforderungen der Facheinheit (Führungskräfte und Mitarbeiter) an ein entsprechendes Dokumentenmanagementsystem gesammelt. Diese Anforderungen gilt es durch die Einführung eines DMS-Systems möglichst abzudecken. Anhand von Primär- und Sekundäranforderungen wird differenziert, ob die jeweilige Anforderung eine hohe Priorität (1) hat oder ob sie eine untergeordnete Rolle (2) spielt.

Bei der Einführung eines DMS-Systems werden als Grundzielvorgaben die Steigerung der Effizienz bei der Informationsnutzung, Wissensabfrage von Kollegen und das Finden von vorhandenen Dokumenten durch Schlagwort-Suche bestimmt.[9]

Spezifizierte Zielvorgabe:
Die durchschnittliche Anzahl an Minuten, welche ein Mitarbeiter damit verbringt, nach Dokumenten zu suchen, soll innerhalb von drei Monaten nach der Einführung der neuen DMS-Software um ca. 30% sinken.

---

[9] Vgl. Steinbrecher, Müll-Schnurr (2010, S.250)

	Anforderungen	1	2
1	Individuelle Zugriffskontrolle (Nutzer definierbar: Leserechte, Schreibrechte, Lese- und Schreibrechte, keine Rechte)	X	
2	Intelligente Schlagwort Suchfunktion (OCR-Texterkennung)	X	
3	Schneller und zuverlässiger Support		X
4	Datei-Dopplungen ausschließen	X	
5	Optionale Benachrichtigung bei neuen oder geänderten Dokumenten für definierte Personen		X
6	Einfaches implementieren der Dokumente (per „Drag and Drop")	X	
7	Einfaches, benutzerfreundliches bedienen (auch ohne entsprechende Schulung) nach interner Einweisung		X
8	Eigenständige Anpassungen vornehmen	X	
9	Mobile Verfügbarkeit via App		X
10	Moderate Kosten (für die Lizenz-, Wartungs- und Servicegebühren) je Einheit, nicht je Nutzer	X	
11	Modernes, übersichtliches, anpassbares Design		X
12	Revisionierung von Dokumenten	X	
13	Optionale Lesebestätigungspflicht		X

Tabelle 1: Lastenheft

3.4 Auswahlverfahren und Entscheidung

Mittels weiterer Intranet-Recherchen sowie auf Grundlage von Mitarbeiterabfragungen innerhalb der Facheinheit, werden folgend die Vor- und Nachteile der intern genutzten DMS-Systeme aufgezeigt. Auf deren Grundlage soll eine fundierte Entscheidung getroffen werden.

	Vorteile (✓) und Nachteile (×)
D	✓ Speziell zugeschnittene BASF-Version vorhanden
O	✓ Bereits seit vielen Jahren im Bereich Engineering etabliert
C	✓ Gute Projektverwaltung, da bekannte und einheitliche Struktur (Standardisierte Projektstruktur)
U	
M	✓ Unternehmensinterner Support als Ansprechpartner
E	✓ Vorhandene Anleitungen und Hilfestellungen
N	× Herstellersupport (OpenText) im April 2018 ausgelaufen (Programm mit technischen Problemen; diese werden nicht mehr behoben)
T	
U	× Software soll zukünftig nicht mehr verwendet werden (Empfehlung der IT-Facheinheit, jedoch nicht verpflichtend)
M	

✗ Schwerpunkte lediglich innerhalb der Projektabwicklung und Archivierung (keine Features)
✗ Umständliche Handhabung (Dokumente müssen zur Bearbeitung ein- und anschließend wieder ausgecheckt werden); kein gleichzeitiges Bearbeiten von Dokumenten möglich
✗ Monatliche Kosten belaufen sich je Nutzer auf ca. 30 €
✗ Veraltetes Nutzerinterface und unübersichtliche Darstellung
✗ Ausschließlich mit Internet Explorer kompatibel
✗ Keine mobile Variante (App) verfügbar

Tabelle 2: Vor- und Nachteile von Documentum

Vorteile (✓) und Nachteile (✗)
✓ Für die Nutzung und das Betreiben der Software fallen keine separaten Kosten an (Software von der IT-Facheinheit gekauft)
✓ Große Verbreitung bzw. hohe Akzeptanz bei tangierenden Einheiten bzw. Abteilungen
✓ Bevorzugtes System (Empfehlung, jedoch nicht verpflichtend) der IT-Facheinheit
✓ Support durch verfügbare Online-Hilfen sowie Ansprechpartner vor Ort (Fasihi)
✓ Mobile Variante (App) verfügbar
✓ Aufgeräumtes, modernes Design, individuelle Anpassungen möglich
✓ Erweiterungen nach Kundenwunsch durch Fasihi möglich (Arbeiten werden je nach Aufwand einmalig abgerechnet)
✓ Möglichkeit komplexe Minianwendungen, die bereits entwickelt wurden, kostenfrei zu integrieren

(Zeilenbeschriftung: M Y P O R T A L)

Tabelle 3: Vor- und Nachteile von MyPortal

Vorteile (✓) und Nachteile (×)
✓ Bevorzugtes System (Empfehlung, jedoch nicht verpflichtend) der IT-Facheinheit
✓ In Zusammenarbeit mit BASF SE entwickelt (speziell für Chemie und Pharmazie)
✓ BASF Business Services (IT-Support) betreibt und betreut die Software bei Problemen
✓ Integrierte Hilfefunktion
× Anwendungsbereich ausschließlich bei GLP / GMP-Anforderungen (gesetzliche Dokumentationspflicht), spezielle Zertifizierung, daher resultieren Einschränkungen bei Einstellungen und Anpassungen
× Monatspauschale von 500 € pro Pergamon-Instanz (Einheit) zuzüglich einmalige Kosten für die Einrichtung
× Keine mobile Variante (App) verfügbar

Tabelle 4: Vor- und Nachteile von Pergamon

Die folgende Entscheidungsmatrix dient der Gegenüberstellung. Die Punkte 1 bis 13 entsprechen den zuvor definierten Anforderungen des Lastenheften (siehe 3.3). Die Summe gibt an wie viele dieser Anforderungen durch die jeweilige Software erfüllt sind.

	1	2	3	4	5	6	7	8	7	9	10	11	12	13	Σ
Documentum	X		X										X		3
MyPortal	X	X	X	X	X	X	X	X		X	X	X	X	X	12
Pergamon	X	X	X		X	X	X				X		X	X	9

Tabelle 5: Entscheidungsmatrix

<u>Entscheidung</u>:

Auf Grundlage der vorgegangenen Auflistung der Vor- und Nachteile fällt die Entscheidung zugunsten der Software „MyPortal" von der Firma Fasihi aus. Hier überwiegen die Vorteile, Nachteile sind zurzeit nicht ersichtlich. Die Software ist bereits innerhalb der BASF SE, im Bereich Engineering, im Einsatz. Die Mitarbeiter innerhalb der Einheit, die bereits projektspezifische Erfahrung mit der Software gesammelt haben, sind von dem DMS-System überzeugt. Alternativen wie Documentum weisen technische Probleme auf und besitzen keinen Herstellersupport mehr. Die Software „Pergamon" ist für den vorgesehenen Zweck nicht geeignet. Darüber hinaus verdeutlicht die Entscheidungsmatrix, dass die meisten der zuvor im Lastenheft definierten Anforderungen bei MyPortal erfüllt sind und es somit das geeignetste DMS-System darstellt.

3.5 Vorbereitung zur Einführung des DMS-Systems

Für den Aufbau einer völlig neuen und vor allem klaren Hierarchie, werden alle Dokumente der alten Netzlaufwerkstruktur vorab neu strukturiert. Dabei werden Ordnerinhalte in vier Hauptkategorien wie folgt untergliedert:

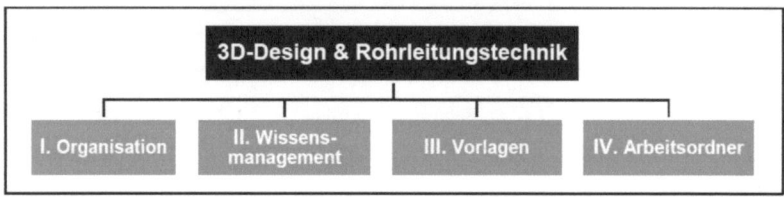

Abbildung 3: Grundaufbau der neuen Hierarchie

Der zuständige Mitarbeiter im Unternehmen bereitet einen neuen Teamroom für die Facheinheit (3D-Design & Rohrleitungstechnik) auf und stellt diesen zur Verfügung. Anschließend wird dieser Teamroom in MyPortal auf die zuvor erstellte neue Struktur aufgebaut und eingerichtet (siehe Anlage 1).

4 Fazit

Die aktuellen Probleme, welche durch die bisherige Netzwerkstruktur auftreten, werden mit dem vorgeschlagenen DMS-System „MyPortal" vollständig gelöst. Zusätzlich können weitere Eigenschaften von MyPortal wie z. B. E-Mail-Archivierung, Genehmigungsworkflow oder bereits entwickelte Erweiterungen wie z. B. KVP-Tool oder Schulungsplanungstool genutzt werden. Die größten Vorteile sind die große Verbreitung bzw. Erfahrung, der gute Support sowie die kostenfreie Nutzung der Software. Die Zielvereinbarung (Empfehlung) der IT-Facheinheit wird durch die Auswahl von MyPortal ebenfalls Folge geleistet.

Durch die Einführung eines DMS-Systems ist die Facheinheit einen Schritt näher am papierlosen Büro, welches auf längere Sicht angestrebt wird. Auch die moderne und durchaus zeitgemäße Verwaltung von Dokumenten ist durch die Nutzung von MyPortal gegeben.

4.1 Weitere Vorgehensweise

Die Priorität bei der Überführung in das Dokumentenmanagementsystem hat zunächst die Hauptkategorie II – Wissensmanagement (siehe Abbildung 3). Diese Dokumente gilt es zuerst in MyPortal zu implementieren. Der Vorteil bei dem Thema „Wissensmanagement" ist, dass alle Mitarbeiter der Fachgruppe, unabhängig von der jeweiligen Aufgabe innerhalb des Teams, das Themengebiet gleichermaßen betrifft und somit auch von jedem genutzt und getestet werden kann.

4.2 Ausblick

Im nächsten Schritt wird ein Testphase eingeleitet. Zuvor müssen die Administratoren, die mit allen Rechten ausgestattet sind, bestimmt werden. Deren Aufgabe wird zunächst sein, die sortierten und neustrukturierten Dokumente in MyPortal für die Hauptkategorie „Wissensmanagement" zu implementieren. Darüber hinaus werden die Dokumente in der vorhandenen, bisherigen Struktur bestehen bleiben. Falls man widererwartend nicht zum erhofften Ergebnis kommt oder Probleme auftreten, kann der Test jederzeit abgebrochen und auf die bisherige Struktur zugrückgegriffen werden. Durch Feedback und Verbesserungsvorschläge sollen alle Mitarbeiter während der Testphase mitwirken. Sollte die Testphase erfolgreich verlaufen, ist das nächste Ziel die Implementierungen der anderen neustrukturierten Hauptkategorien (siehe Abbildung 3).

Zu erwarten ist darüber hinaus eine effizientere Teamarbeit und eine Steigerung der Produktivität. Eine Verifizierung der Grundzielvorgabe (siehe 3.3) soll mittels Mitarbeiterbefragung im Anschluss Testphase der Software und nach vollständigem Implementieren der restlichen Kategorien nach ca. drei Monaten erfolgen. Die Abfrage soll mittels eines vorgegebenen Fragenkatalogs erfolgen. Die Ergebnisse werden den anderen Facheinheiten bzw. Abteilungen ebenfalls zu Verfügung gestellt, damit diese bei Bedarf auf die erlangten Erkenntnisse zurückgreifen und aufbauen können.

IV Literaturverzeichnis

Bücher

Abts, Dietmar; Mülder, Wilhelm (2017): Grundkurs Wirtschaftsinformatik. Eine kompakte und praxisorientierte Einführung. 9., erweiterte und aktualisierte Auflage. Wiesbaden: Spinger Vieweg.

Riggert, Wolfgang (2009): ECM – Enterprise Content Management. Konzepte und Techniken rund um Dokumente. 1. Auflage. Wiesbaden: Vieweg+Teubner.

Steinbrecher, Wolf; Müll-Schnurr, Martina (2010): Prozessorientierte Ablage: Dokumentenmanagement-Projekte zum Erfolg führen. Praktischer Leitfaden für die Gestaltung einer modernen Ablagestruktur. 2., überarbeitete und erweiterte Auflage. Wiesbaden: Gabler.

E-Books

Schüttler, Stephan (2012): Dokumentenmanagement: Von den Grundlagen zum effizienten Einsatz im Unternehmen. Hamburg: Diplomica Verlag GmbH.

Studienhefte

Ellmann, Mathias (03/2019): Begleitheft: Grundkurs Wirtschaftsinformatik. Studienheft Nr. 979. 1. Auflage. Bad Sooden-Allendorf: DIPLOMA

V Anlage

Anlage 1: Erstellter Teamroom in MyPortal

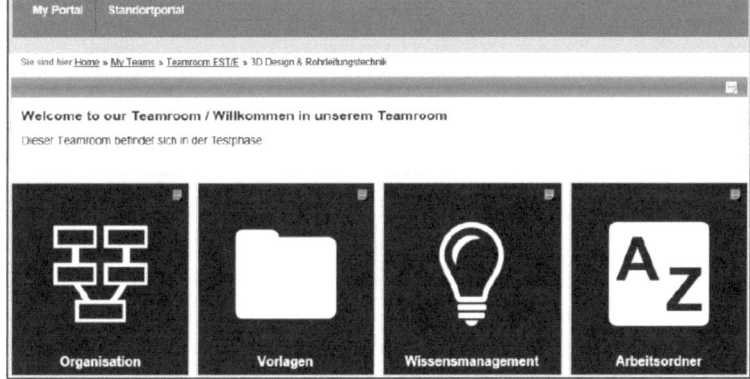

BEI GRIN MACHT SICH IHR WISSEN BEZAHLT

- Wir veröffentlichen Ihre Hausarbeit, Bachelor- und Masterarbeit

- Ihr eigenes eBook und Buch - weltweit in allen wichtigen Shops

- Verdienen Sie an jedem Verkauf

Jetzt bei www.GRIN.com hochladen und kostenlos publizieren